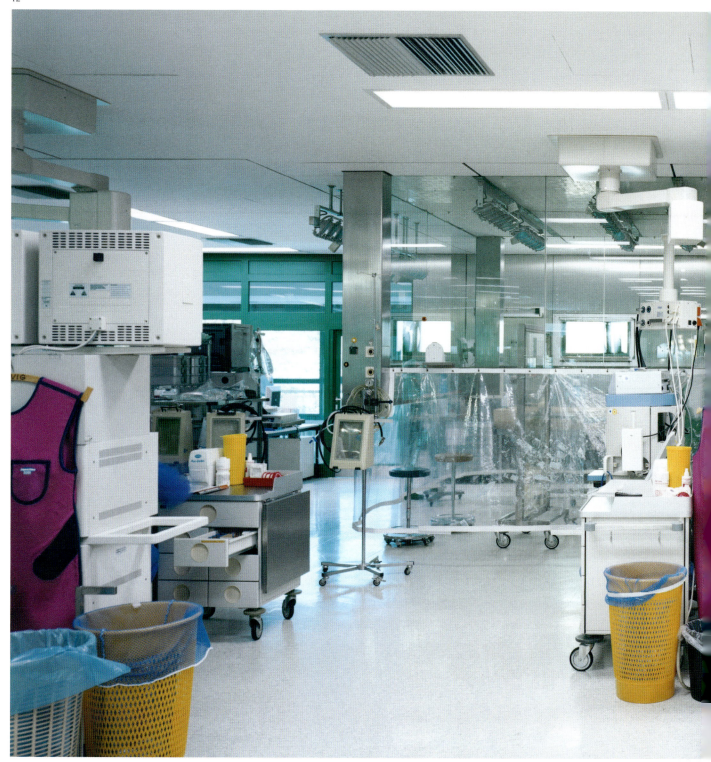

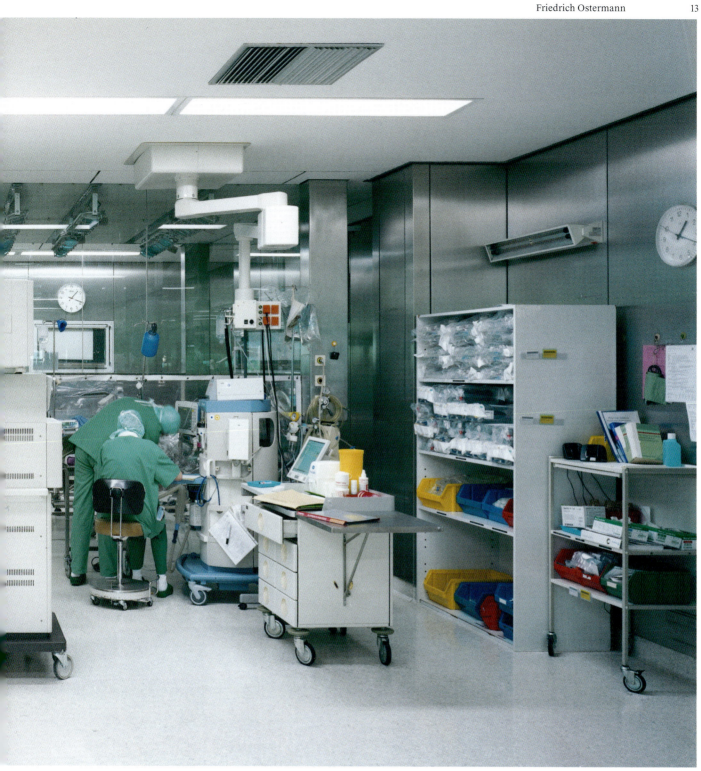

„Rummelsberg muss man erleben. Es dauert, bis man versteht, was hier geschieht und wie es geschieht. Man muss wirklich eine Zeit lang hier wohnen und arbeiten, ein halbes Jahr oder länger. Dann wird es einleuchtend."

Heimat auf Zeit
Fotografien aus den Rummelsberger Anstalten

Herausgegeben von Petra Berg
und Wolfgang Jean Stock
Mit einem Beitrag von Hans-Michael Koetzle

DG Deutsche Gesellschaft für
christliche Kunst

Inhalt

3	**Architektur**		Friedrich Ostermann

22	**Vorwort**
	Wolfgang Jean Stock

25	**Versorgung**	Markus Burke
31	**Krankenhaus**	Sebastian Arlt
		Johanna Rahel Zander
		Louisa Marie Summer
41	**Berufsausbildung Körperbehinderte**	Fritz Beck und Verena Kathrein
		Isabel Herrmann

49	**Eine Welt der anderen Art**
	Hans-Michael Koetzle

57	**Jugendhilfe**	Elisabeth Hörterer
		Tanja Helena Kernweiss
		Maximilian Kratzer
		Julia Milberger
		Julian Ivan Baumann
73	**Altenhilfe**	Silvio Knezevic
		Katharina Lepik
		Isabelle Gründer
81	**Diakonenausbildung**	Renate Niebler

92	Biografien der Projektbeteiligten
96	Impressum

Vorwort

Diese Ausstellung der DG zeigt die Ergebnisse eines außergewöhnlichen fotokünstlerischen Projekts. 2005 konnten die bei Nürnberg gelegenen Rummelsberger Anstalten, die zu den führenden Trägern der Diakonie in Deutschland zählen, ihr einhundertjähriges Bestehen feiern. Es ist bei ihnen guter Brauch, zu jedem Jubiläum ein Buch über ihre Einrichtungen herauszugeben. Doch dieses Mal sollte es keine Selbstdarstellung werden, beschloss der Vorstand: „Es entstand die Idee, Studenten der Studienrichtung Fotodesign aus München zu bitten, ohne Vorgabe ihre Beobachtungen in Bildern festzuhalten und das Wesen, den Geist von Rummelsberg aufzuspüren." Als Projektleiter konnte der Vorstand zwei professionelle Partner gewinnen: Renate Niebler, die Bildjournalismus an der Hochschule München lehrt, und Friedrich Ostermann, den dortigen Dozenten für Architekturfotografie.

Beide gingen die Aufgabe mit großem Engagement an. Sie motivierten die Studierenden zu sowohl subjektiven als auch dokumentarischen Blicken auf die verschiedenen Einrichtungen in Rummelsberg. Als das Buch zwei Jahre später vorlag, stellten die Projektleiter in ihrem Nachwort fest: „Den Studierenden öffnete sich in Rummelsberg eine bis dahin unbekannte Welt. Nach einem gemeinsamen Aufenthalt konnten sie über einen Zeitraum von mehreren Semestern eine eigene fotografische Sprache entwickeln und reflektieren. Dieses gesamte Projekt war für alle, die daran gearbeitet haben, eine außerordentliche Chance, in solch einen geschützten Bereich hinein zu wachsen und sich ein Bild von Menschen zu machen, die in Rummelsberg eine ‚Heimat auf Zeit' finden. So sind jetzt neue Bilder in der Welt. Aus der inneren Vorstellung ist Realität geworden."

Die DG ist ihrem Vorstandsmitglied Petra Berg sehr dankbar, dass sie auf dieses ebenso vielfältige wie faszinierende Porträt der Rummelsberger Anstalten aufmerksam gemacht und den Anstoß zur Ausstellung gegeben hat. Wir veranstalten die Ausstellung nicht zuletzt deshalb, weil aus den Studierenden inzwischen junge Fotografinnen und Fotografen geworden sind, die sich als freiberuflich Tätige in einem immer schwieriger werdenden Markt behaupten müssen. Unsere Schau hat auch den Sinn, die Fotokünstler in ihren ersten Jahren der Professionalität zu unterstützen. Wir dürfen hoffen, dass sie die Präsentation ihrer Bilder in einem kulturellen Kontext zu schätzen wissen. Die Ausstellung zeigt in sieben Kapiteln rund 120 Aufnahmen der fünfzehn Absolventen und beiden Dozenten.

Die Satzung der DG gibt uns den anspruchsvollen Auftrag, die zeitgenössische Kunst im christlichen Lebensraum zu fördern. In der Ausstellung ‚Heimat auf Zeit' decken sich unsere Ziele in geradezu idealer Weise. Hinzu kommt, dass sie einlöst, was Renate Niebler und Friedrich Ostermann von ihrem Medium fordern: „Eine der grundlegenden Eigenschaften der Fotografie ist es, das nicht so Offensichtliche aufzuspüren und sichtbar zu machen." Ohne Unterstützung von außen hätten Ausstellung und Katalog jedoch nicht entstehen können. So dankt die DG dem Bayerischen Staatsministerium für Wissenschaft, Forschung und Kunst für seinen jährlichen Zuschuss. Den Rummelsberger Anstalten danken wir dafür, dass ihre Zuwendung einen erweiterten Umfang des Katalogs ermöglicht hat. Schließlich sind wir dem Verein Ausstellungshaus für christliche Kunst für seine kontinuierliche Förderung unserer Arbeit zu Dank verpflichtet.

Mein persönlicher Dank geht an unser bewährtes Katalogteam, an Hans-Michael Koetzle für seinen anschaulichen Text und an meine Mitarbeiter in der Galerie. Die Vorbereitung dieser Ausstellung war eine große Freude. Renate Niebler und Friedrich Ostermann sind Partner, wie man sie sich nur wünschen kann. Beiden möchte ich für ihren großen Einsatz und die von Vertrauen getragene Zusammenarbeit herzlich danken.

Wolfgang Jean Stock

Versorgung

„Täglich werden 380 Brote, 5000 Semmeln und über 2200 Mahlzeiten zubereitet. Und vertilgt. Von 1300 Patienten, Gästen und Mitarbeitenden."

Krankenhaus

„Ich war im orthopädischen Krankenhaus und hatte eine Heidenangst, aus der Narkose nicht mehr aufzuwachen. Als ich die Augen aufschlug, sah ich vier oder fünf weiß gekleidete Personen um mich herumstehen und erschrak. Bin ich im Himmel oder in der Hölle?, fragte ich. Weder noch, antwortete jemand. Sie sind in Rummelsberg."

„Die Ruhe und die Stille hier tragen zur Gesundung bei. Die Natur und der Wald tun den Patienten gut, sie können Kraft aus der Natur schöpfen."

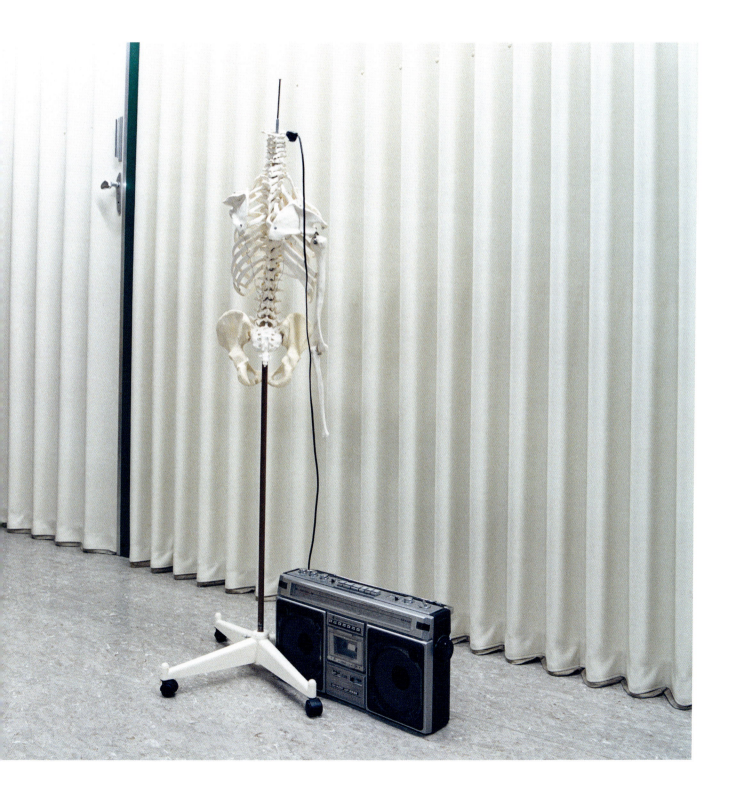

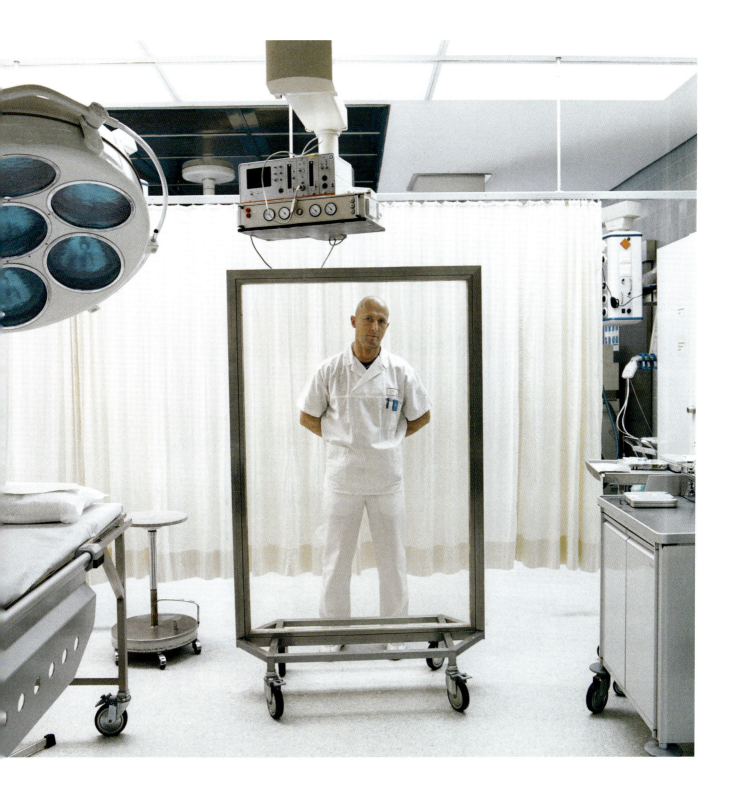

Johanna Rahel Zander

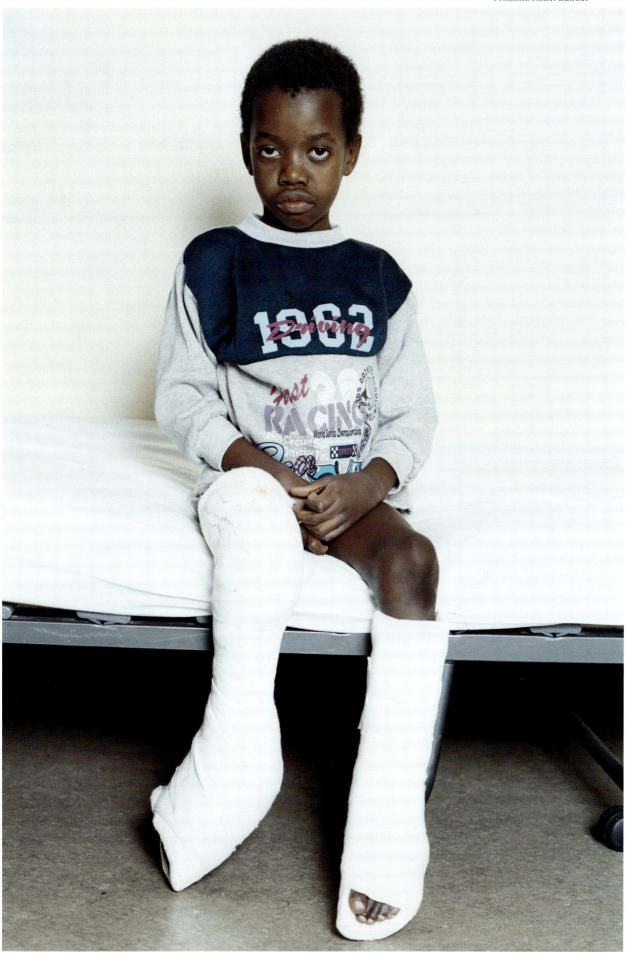

Berufsausbildung Körperbehinderte

„Die Körperbehinderten sind eigentlich ganz normal. Sie sind ein totaler Querschnitt von Leuten aus allen Schichten der Gesellschaft. Es ist wie überall auf der Welt, es gibt unter ihnen Freundschaften, manche sind genervt voneinander, aber sie arrangieren sich miteinander. Und wie überall auf der Welt schimpfen sie über das Essen."

„Du hast alle Hilfe, die du brauchst, aber die Mitarbeiter erwarten schon, dass du zu ihnen kommst, wenn du etwas möchtest. Es läuft dir keiner hinterher. Und sobald sie merken, dass du etwas allein schaffst, dann bekommst du mehr Aufgaben übertragen."

„Ich werde Rummelsberg mit einem lachenden Auge und mit einem weinenden Auge verlassen. Das weiß ich jetzt schon. Man hat hier Freunde, das Zusammenleben wird mir fehlen."

Hans-Michael Koetzle
Eine Welt der anderen Art

Die Insel liegt rund 18 Kilometer südöstlich von Nürnberg und ist mit 200 Hektar etwa zehnmal kleiner als Langeoog oder – wer es bayerisch möchte – in etwa so groß wie die Herreninsel im westlichen Chiemsee. Sanfte Hügel, dichte Wälder prägen die Topografie. 90 Gebäude verzeichnet die Statistik, 260 Pkws und Omnibusse sowie vier Feuerwehrfahrzeuge. Es gibt Straßen, geteerte Straßen. Die Rede ist von 4,5 Kilometern insgesamt. Es gibt ein Hotel, ein Gästehaus und eine Kirche. Kliniken gibt es hier, drei an der Zahl. Es gibt zwei Seniorenheime und eine Fußballmannschaft. Gebacken wird in einer eigenen Bäckerei, gekocht in der Großküche, gewaschen in der Wäscherei, die täglich mehr als 6,5 Tonnen Wäsche zu bewältigen hat. Eine Gärtnerei gilt es zu erwähnen, eine Kfz-Werkstatt, eine Schlosserei und einen Malerbetrieb. Was wäre ein Gemeinwesen ohne Post, ohne Friseur, ohne Verwaltung? Eine Bank findet sich ebenso wie ein Kindergarten oder eine Turnhalle. Rund 3 000 Menschen leben auf der Insel. Junge und Alte, Gesunde und Kranke, Starke und Schwache. Manche werden hier sterben. Andere machen Urlaub vom Knast. Wieder andere lernen, mit einer Krankheit oder Behinderung zu leben. Einerseits ist es hier wie überall: Es wird gegessen und getrunken, gesungen und gefeixt, gestritten und gebetet. Man ruht sich aus oder treibt Sport, sieht fern oder schläft, liest, surft im Internet oder telefoniert. Als Soziotop ist auch Rummelsberg angekommen im 21. Jahrhundert. Und doch ist dieser Ort auf eine Weise anders, merkwürdig, besonders. Wobei ‚merkwürdig' nichts anderes bedeutet, als dass man ihn sich merken sollte.

Abwendung als Zuwendung

Rummelsberg ist eine Insel und doch auch wieder nicht. Was annähernd in Sichtweite mehrerer Autobahnen, Bundesstraßen, Eisenbahnlinien liegt, kann kein fernes Eiland sein. Und doch ist Rummelsberg ein Ort der anderen Art. Einer der sich den Menschen zuwendet, indem er sich abwendet von der Welt. Einer der sich rar macht und genau deswegen offen ist. Was zunächst paradox klingt, ist nur logisch in einer Zeit, die dem Wettbewerb huldigt und dabei das Miteinander vergisst. In der man ‚sich aufstellt' und dabei jene übersieht, die sich nur mühsam auf den Beinen halten. Seltsame Begriffe machen die Runde und ersetzen, was früher schlicht mit ‚Glück' umschrieben wurde. Alle haben sie mit Geld zu tun. Mit Wohlstand, Reichtum, mit Konsum. Auch in Rummelsberg wird nicht mit Spielgeld bezahlt. Aber der Kontostand ist nicht das Maß aller Dinge. Rummelsberg ist nicht aus der Welt, aber auf eine andere Art geerdet. Der Ort ist ein Phänomen und dabei sehr konkret: Verwaltungstechnisch Teil der Gemeinde Schwarzenbruck im nordöstlichen Mittelfranken. Verkehrlich über die Autobahnen 3, 6 und 9, die Bundesstraße 8 oder mit der Bahn über den Haltepunkt Ochsenbruck zu erreichen. Wer es kartografisch genau wissen will: Rummelsberg liegt 49°22' Nord und 11°16' Ost. Aber eigentlich ist Rummelsberg kein Topos, sondern eine Idee, die viel mit Nächstenliebe zu tun hat. Mit christlicher Soziallehre. Mit Diakonie, also dem Dienst am Menschen. Das klingt nicht gerade ‚cool'. Aber soziale Kälte zu überwinden, ist genau das Ziel der Rummelsberger Anstalten.

Geistesgeschichtlich reichen die Wurzeln des diakonischen Gedankens zurück bis weit ins 18. Jahrhundert. Ausgangspunkt ist England, wo eine religiös verankerte Sammlungsbewegung versucht, die sozialen Kollateralschäden des Industriezeitalters wenigstens zu lindern. Im deutschsprachigen Raum ist es der Theologe Johann Hinrich Wichern, der die Idee einer ‚Inneren Mission' am nachhaltigsten vertritt und ab Mitte des 19. Jahrhunderts zu einem zentralen Anliegen evangelischer Kirchenarbeit macht. Rummelsberg ist – wenn man so will – institutionalisierter Ausdruck des Gedankens. Die Chronik der Rummelsberger Anstalten setzt ein mit dem 1. November 1903, an dem das ‚Gut Rummelsberg' in den Besitz des Landesvereins für Innere Mission übergeht mit dem Ziel, an diesem bewusst abgelegenen Ort „verwahrloste Knaben" zu erziehen. Die Einweihung einer neuen Diakonen- und Erziehungsanstalt samt Pfarrhaus im Oktober 1905 wird als eigentlicher Beginn der diakonischen Arbeit in Rummelsberg gesehen. Mittlerweile sind die ‚Rummelsberger Anstalten der Inneren Mission E.V.' – so die offizielle Bezeichnung – einer der führenden, selbständigen Träger der Diakonie in Deutschland. Satzungsgemäß bedeutet dies, „durch Maßnahmen und Einrichtungen den helfenden Dienst der christlichen Liebe auszurichten", Mitarbeiter zu gewinnen sowie die Aus- und Fortbildung insbesondere der Diakone sicherzustellen. Rummelsberg heute: Das steht für nicht weniger als 170 Einrichtungen und Dienste in Krankenhäusern und Behinderteneinrichtungen, in Alten- und Pflegeheimen, in Schulen und Ausbildungsstätten. Dies in Rummelsberg selbst, dem geistigen und institutionellen Zentrum der Arbeit, sowie an 34 weiteren Orten – in Bayern von Bayreuth bis Garmisch-Partenkirchen. Verbindendes Glied ist das Ideal tätiger Nächstenliebe. In Rummelsberg und seinen spezialisierten Dependancen finden jene Aufnahme, Zuneigung und Pflege, die aus der Sicht eines geölten Turbokapitalismus lediglich Sand im Getriebe sind: die Alten und Kranken, die schwer Erziehbaren und Behinderten, die Schwachen und straffällig Gewordenen. In Rummelsberg stehen sie im Zentrum. Das partnerschaftliche Credo der Anstalt: „Menschen an Ihrer Seite".

Eine Sicht hinter die Dinge

Kann man Nächstenliebe fotografieren? Sind Phänomene wie Fürsorge oder Solidarität, Wohlwollen oder Barmherzigkeit etwas, das Film, Platte oder Sensor einzufangen in der Lage sind? In ihren Anfängen liebte die Fotografie vor allem das Objekt und seine Oberfläche. Objekte ließen sich sammeln, ordnen, klassifizieren. Das entsprach dem enzyklopädischen Geist des spätaufklärerischen 18. und 19. Jahrhunderts. Objekte waren statisch, bewegten sich nicht, was den technischen Unzulänglichkeiten des frühen Verfahrens entgegen kam. Und was die Oberfläche betrifft: Hier zeigte sich die Potenz der Fotografie, Texturen, Strukturen, Schriften oder Zeichen schnell und gewissenhaft zu erfassen: ‚In unnachahmlicher Treue'. Erst allmählich rückte der Mensch ins Bild. Nicht als Charakter, sondern als Vertreter eines Standes. Nicht als Person, sondern als Persönlichkeit. Ähnlichkeit war das bildnerische Gebot der Stunde, Wiedererkennbarkeit und – Repräsentanz. Erst die Fotografie um 1900 erhob – im Windschatten von Sigmund Freuds Psychoanalyse – dezidiert die Forderung nach einer Darstellung von Wesen und Charakter und entwickelte Strategien, um das Innere eines Menschen hervorzukehren und fotografisch zu erfassen.

Die Sicht hinter die Dinge wurde zentrales Anliegen einer Neuen Fotografie, die den Blick unter die Haut (Stichwort Röntgenfotografie) ebenso feierte wie das Erfassen von Bewegung (Stichwort Chronofotografie), die einer Dynamisierung des Lebens ebenso nachspürte (Stichwort Futurismus) wie einer Welt des Unbewussten und des Traums (Stichwort Surrealismus). Auch gesellschaftliche Strukturen und Prozesse sollten sichtbar und nachvollziehbar gemacht werden, indem man das Einzelbild durch Zyklen oder Serien ersetzte: das Porträt einer Nation als vielstimmiger visueller Chor (Stichwort August Sander).

Porträt kann vieles bedeuten. Man spricht vom Porträt einer Stadt. Vom Porträt einer Landschaft. Vom Porträt einer Region – und meint damit weniger das gelungene Kalenderblatt als den Zusammenklang unterschiedlicher Sichtweisen, Haltungen oder Perspektiven. Ganz in diesem Sinne ein fotografisches Porträt von Rummelsberg zu zeichnen – sollte das nicht möglich sein? Ein Porträt, das sich nicht wahlweise im Zeigen von Gesichtern, im Dokumentieren von Gebäuden oder im Erfassen von Interieurs erschöpft, sondern mit den Mitteln einer neuen, betont subjektiven Fotografie genau das sichtbar macht, was Rummelsberg subkutan zusammenhält? Mitte 2005, im Jubiläumsjahr der Anstalt, wurde die Idee geboren. ‚Mensch und Architektur' lautete die zunächst noch vage formulierte Aufgabenstellung, mit der man von Seiten der Rummelsberger an Renate Niebler und Friedrich Ostermann herantrat, beide Dozenten an der Münchner Hochschule für Angewandte Wissenschaften. Ob sie Interesse hätten, so die Frage, zusammen mit ihren Studierenden Rummelsberg fotografisch zu erkunden. Gedacht war weniger an eine in sich geschlossene, womöglich werblich ausgerichtete Auftragsarbeit als an ein freies, offenes Gruppenprojekt. Ausdrücklich gewünscht war die Sicht von außen, war der unvorbelastete Blick auf Rummelsberg und seine Menschen nach dem Motto: „Zeigt uns mal, wie ihr das seht." Das Ganze ist bewusst als Experiment angelegt. Rummelsberg, dieser Kosmos für sich, diese im Prinzip abgeschlossene „Ortskapsel", wie Renate Niebler es formuliert, würde sich für einen Moment öffnen, junge Fotografinnen und Fotografen zulassen und ihnen die Möglichkeit eröffnen, sich umzuschauen, Kontakte zu knüpfen, Ideen zu entwickeln, Erfahrungen zu sammeln und nicht zuletzt – zu fotografieren.

Fotografie mit sozialer Kompetenz

Die Annäherung geschieht in mehreren Stufen. Ein Besuch zunächst. Ein Rundgang mit Gesprächen. Inspiziert werden die verschiedenen Bereiche der in dichtes Grün gebetteten Anlage: die Altenhilfe und das Krankenhaus, die Werkstätten und die Verwaltung, die Großküche und die Bäckerei, der Fußballplatz und nicht zuletzt die 1927 geweihte Kirche, von der es heißt, sie sei so etwas wie der geistige Mittelpunkt der weit verzweigten Anlage. Themen schälen sich heraus. Ideen werden diskutiert. Aufgaben unter den Studierenden vergeben. Das Interesse am Vorhaben ist groß, und am Ende werden nicht alle, die möchten, an dem Projekt teilnehmen können. Vorübungen finden statt. Vorbilder werden diskutiert. ‚Softskills' entwickelt. Schließlich sind hier nicht allein Lichtregie und Kameratechnik gefragt, sondern auch soziale Kompetenz: etwa im Umgang mit schwer erziehbaren Jugendlichen, die zu porträtieren mit zu den anspruchsvollsten Aufgaben gehört. Auch die Dozenten beteiligen sich fotografierend an dem Projekt. So widmet sich Friedrich Ostermann einem in neun Jahrzehnten gewachsenen Dorf mit seinen Wohn- und Verwaltungsbauten, Werkstätten und Sozialstationen. Das ist eher ausnahmsweise große Architektur. Ostermann nutzt das Stilmittel partieller Schärfe, um den in ihrer Formensprache zurückhaltenden, so gar nicht auftrumpfenden Bauten wenigstens ein kleines Geheimnis zu vermitteln. Daneben erkundet er – im Sinne eines zweigleisigen Ansatzes – das Innenleben der Gebäude, nimmt uns mit in die Bettenzentrale oder den OP, die Wäscherei oder die Aula der Diakonenschule, die Philippuskirche oder das Archiv: Ein geführter Blick hinter die Kulissen.

Ein großes, ein wichtiges Thema und zentrales Anliegen in Rummelsberg ist die Ausbildung von Diakoninnen und Diakonen: junge Menschen, die ihr Leben entschieden in den Dienst christlicher Nächstenliebe stellen. Kann es sein, dass in Gesichtern, Gesten, Blicken etwas von dieser Haltung deutlich wird? Renate Niebler hat sich diese Frage gestellt und in einem improvisierten Studio vor Ort Diakone in Ausbildung porträtiert. Stets vor neutralem Hintergrund, als Brustbild, im Halb- oder Dreiviertelprofil und bei einem ebenso sparsam wie überlegt gesetzten Licht. Stets geht der Blick in die Kamera. Da ist Selbstbewusstsein zu spüren. Oder sollte man sagen Selbstvertrauen? Da wird ein Ziel in der Ferne kenntlich, eine Sendung. In ihrer Ästhetik atmen die Bildnisse den Geist der Renaissance: schlicht, gesammelt, konzentriert. Bildniskunst in Opposition zum medialen Flimmern allenthalben. Die Fotoschüler selbst gehen andere Wege. Sie suchen die Menschen auf in ihrer natürlichen Umgebung, stellen sie in den Kontext ihrer Möbel, ihrer Habe, ihrer Wohnung. Zeigen sie beim Sport, in den Werkstätten, im Seniorenheim oder in freien Stunden ganz entspannt. Es ist letztlich das, was man aus ähnlichen, groß angelegten Gruppenprojekten in der Fotografiegeschichte kennt – von der Farm Security Administration im Amerika der 1930er Jahre bis zur Mission Datar im Frankreich der 1980er: Der Versuch, ein soziales (und damit im Grunde abstraktes Phänomen) über unterschiedliche Herangehensweisen, ein Mosaik von Strategien bildhaft zu erfassen.

Unter dem schönen Titel ‚Heimat auf Zeit' erscheint 2007 im Selbstverlag der Rummelsberger Anstalten das Buch gewordene Resümee einer fotografischen Gruppenarbeit, welche die Dozenten und ihre Schüler am Ende fast drei Jahre beschäftigt haben wird. Es sind ausgesprochen unterschiedliche Positionen, die hier zum Zuge kommen. Nicht nur spiegelt die Publikation die ganze Bandbreite fotografischer Möglichkeiten: vom konzentrierten Schwarzweißporträt im Geist der klassischen Bildnisfotografie bis hin zur starkfarbigen Milieustudie, von der inszenierten Personendarstellung bis hin zum Reportagebild, vom konzeptionell unterfütterten Diptychon bis zum dynamischen Actionfoto. Sie spiegelt auch die intensive Auseinandersetzung der jungen Fotografinnen und Fotografen mit ihrem jeweiligen Thema. Sie spiegelt die Suche nach einer Form, die als ästhetisches Ringen immer auch eine Arbeit am Gedanken ist. Und sie spiegelt eine spürbare Betroffenheit – nicht im Sinne von Mitleid, sondern von Miterleben. Dass man aus Rummelsberg anders zurückgekommen als man hingefahren sei, wird allgemein bestätigt. Fern von Börsen und Krisen, Boni und Dividenden scheint es eine Welt zu geben, die andere Werte und Verbindlichkeiten kennt. Es ist eine Welt der Ruhe und Abgeschiedenheit, des Miteinanders und der Partnerschaft. Also doch eine Insel im Ozean irdischer

Widrigkeiten? Die hier versammelten, ganz und gar unterschiedlichen, höchst subjektiven Arbeiten können und wollen Rummelsberg nicht erklären. Höchstens ein wenig von dem Geist sichtbar und nachvollziehbar machen, der diesen Staat im Staate auszeichnet. Was ist Rummelsberg?

„Ein Glaube, der sich im Alltag bewährt." Womöglich noch die beste Formel, um Rummelsberg und seine Menschen zu beschreiben.

Jugendhilfe

„Die Jugendlichen hier finden es ultra ätzend, weil nichts los ist. Es kann schon geschehen, dass es viel Streit gibt oder plötzlich alle Lampen kaputt geschossen sind, das ist sozusagen normal. Auch, dass die Polizei vorbeischaut, ist normal. Bei uns ist die Unnormalität normal geworden."

„Auf den ersten Blick sind sie ganz nette Kids, dabei haben sie eine ganze Menge angestellt, sonst wären sie nicht da. Es sind schwierige Charaktere, sie haben zerstörerische Tendenzen, auch selbstzerstörerische. Und doch ist da ein starkes Gemeinschaftsgefühl. Der Schwächere wird in Schutz genommen."

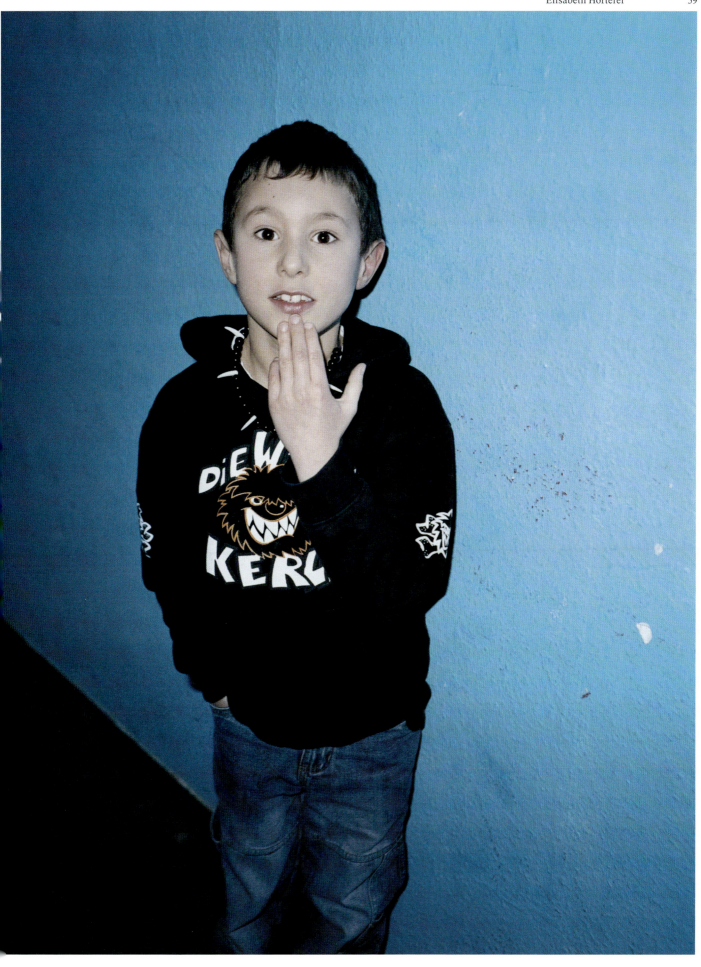

Altenhilfe

„Meinen alten Sessel habe ich von zu Hause mitgebracht und ein paar andere Dinge, aber es ist erstaunlich, wie wenig man eigentlich im Alter braucht. Freundliche Menschen um sich, die hat man ja hier."

„Ich bin nicht gläubig, gehe auch nicht zur Andacht, bin nicht besonders gesellig, aber eins muss ich sagen, die ganze Atmosphäre ist hier auf Nächstenliebe gewachsen, und das genieße ich schon sehr."

„Schreiben Sie, dass ich heilfroh bin, im Feierabendhaus zu sein. Ich habe ein schönes Zimmer mit Blick ins Grüne für mich allein."

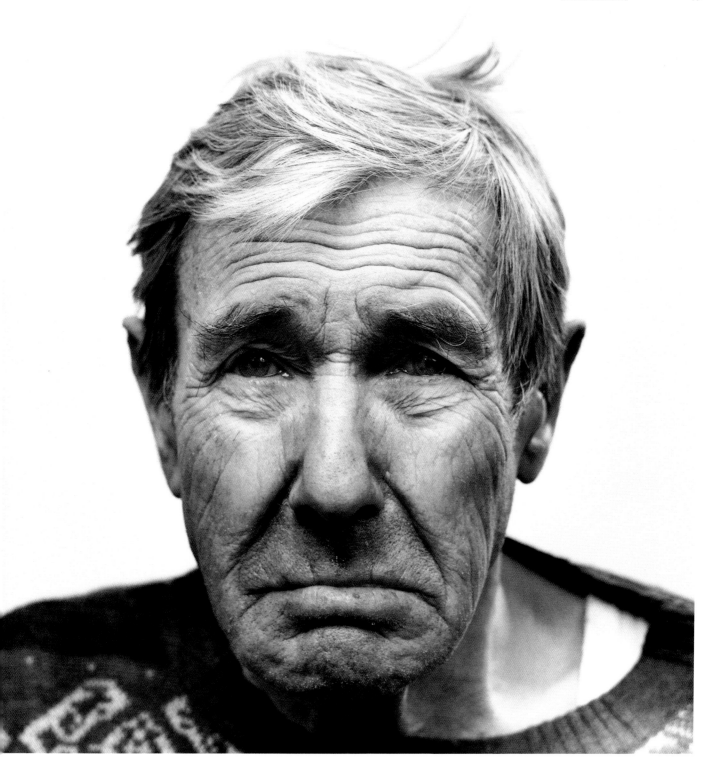

Diakonenausbildung

„Es gibt im Haus unterschiedliche spirituelle Haltungen. Die geistliche Identität wird stark gefördert, jeder lernt, authentisch zu sein. Das ist sehr wichtig. Der eigene Glaube befähigt mich, aus meiner Seele und durch mein Herz zu handeln."

„Wenn das Leben sehr hart wird, tut sich oft ein Stück Spiritualität auf. Die Menschen stellen sich Fragen, suchen nach Antworten. Dann machen wir uns mit ihnen zusammen auf den Weg und schauen, was wir finden können. Feinfühlig zu sein ist dabei wichtig. Wir missionieren nicht."

3   4

Friedrich Ostermann, geboren 1955 in Regensburg, lebt und arbeitet in München. 1977 bis 1979 Ausbildung an der Bayerischen Staatslehranstalt für Photographie in München, 1980 bis 1986 Studium der Visuellen Kommunikation an der Fachhochschule Dortmund, 1982 bis 1984 freie Mitarbeit bei Karl Hugo Schmölz in Köln. 1986 bis 1987 Danner-Stipendium München, seit 1988 freiberufliche Tätigkeit als Architekturfotograf. 1995 bis 2002 Fachlehrer an der Staatlichen Fachakademie für Fotodesign in München, seit 2002 wissenschaftlich-künstlerischer Mitarbeiter an der Hochschule München, Fakultät für Design.

6   8   9

10   12

14

26   27   28   29

Markus Burke, geboren 1978 in Gräfelfing. 2002 bis 2007 Studium an der Fachhochschule München, Studiengang Fotodesign. Ausstellungen (Auswahl): ‚Auszug', München 2006, Diplomausstellung, München 2007, ‚Belichtung und Wahrheit', München 2009. Lebt und arbeitet in München.

www.markusburke.de

Sebastian Arlt, geboren 1978 in München. 2002 bis 2007 Studium an der Fachhochschule München, Studiengang Fotodesign. Ausstellungen (Auswahl): Galerie Kunststoff, München 2002, Diplomausstellung, München 2007, ‚Belichtung und Wahrheit', München 2009. Lebt und arbeitet in München.

www.bastiarlt.de

33 34 35

Johanna Rahel Zander, geboren 1981 in Lübeck. 2002 bis 2007 Studium an der Fachhochschule München, Studiengang Fotodesign. Ausstellungen (Auswahl): Diplomausstellung, München 2007. Lebt und arbeitet in Hamburg.

www.rahelzander.net

36 37

Louisa Marie Summer, geboren 1983 in München. 2003 bis 2007 Studium an der Fachhochschule München, Studiengang Fotodesign, ab 2008 Rhode Island School of Design, MFA in Photography. Ausstellungen (Auswahl): Photo Triennial Exhibition, Providence/USA 2008, ‚Everything is Fine/The Market is Fine', Providence/USA 2009. Lebt und arbeitet in München und New York.

www.louisasummer.com

38 39

Fritz Beck, geboren 1980 in Tübingen. 2003 bis 2007 Studium an der Fachhochschule München, Studiengang Fotodesign. Ausstellungen (Auswahl): ‚Regarde-moi', München 2006, Diplomausstellung, München 2007. Lebt und arbeitet in München.

www.fritzbeck.com

42 43 44 45

Verena Kathrein, geboren 1983 in Rum/Österreich. 2002 bis 2007 Studium an der Fachhochschule München, Studiengang Fotodesign. Ausstellungen (Auswahl): ‚Regarde-moi', München 2006, Diplomausstellung, München 2007. Lebt und arbeitet in München.

www.verenakathrein.de

Isabel Herrmann, geboren 1986 in Karlsruhe. 2005 bis 2009 Studium an der Hochschule München, Fakultät für Design/Fotodesign. Ausstellungen (Auswahl): ‚Jugendfotopreis' Photokina, Köln 2005, ‚Heimat', München 2007, Jahresausstellung Designfakultät, München 2009. Lebt und arbeitet in München.

46 47

59 60 61

Elisabeth Hörterer, geboren 1980 in Bad Reichenhall. 2002 bis 2007 Studium an der Fachhochschule München, Studiengang Fotodesign. Ausstellungen (Auswahl): ‚Kleine Welten', München 2005, ‚Umherschweifen und Wildern', Zürich 2006, Diplomausstellung, München 2007, ‚Belichtung und Wahrheit', München 2009. Lebt und arbeitet in Berlin.

www.lisahoerterer.de

63 64 65

Tanja Helena Kernweiss, geboren 1981 in Heidenheim. 2002 bis 2007 Studium an der Fachhochschule München, Studiengang Fotodesign. Ausstellungen (Auswahl): Diplomausstellung, München 2007. Lebt und arbeitet in Berlin.

www.tanjakernweiss.de

66 67

Maximilian Kratzer, geboren 1984 in München. 2005 bis 2009 Studium an der Hochschule München, Fakultät für Design/Fotodesign. Ausstellungen (Auswahl): ‚Heimat', München 2007, ‚München 360°', München 2008, ‚Die Bunte Brücke', München 2009, ‚Lagerweg Aktionstage', München 2009, ‚Belichtung und Wahrheit', München 2009. Lebt und arbeitet in München.

www.derkratzer.de

68 69

Julia Milberger, geboren 1981 in Jaroslawl/Russland. 2003 bis 2007 Studium an der Fachhochschule München, Studiengang Fotodesign, seit 2009 Studium an der Akademie der Bildenden Künste, München. Ausstellungen (Auswahl): ‚Train stations', Kalkutta 2007, ‚So hab ich mir das nicht vorgestellt', München 2007, ‚Fotografika', Dnepropetrovsk/Ukraine 2008. Lebt und arbeitet in München.

www.juliamilberger.com

70 71

Julian Ivan Baumann, geboren 1982 in München. 2002 bis 2007 Studium an der Fachhochschule München, Studiengang Fotodesign. Ausstellungen (Auswahl): ‚Regarde-moi', München 2006, Diplomausstellung, München 2007, ‚Roundshot', München 2007, ‚Lead Awards', Hamburg 2009,‚Belichtung und Wahrheit', München 2009. Lebt und arbeitet in München.

www.julianbaumann.net

Silvio Knezevic, geboren 1976 in München. 2005 bis 2009 Studium an der Hochschule München, Fakultät für Design/Fotodesign. Ausstellungen (Auswahl): ‚München 360°', München 2008, ‚Ausgewiesen Integriert', München 2008, Jahresausstellung Designfakultät, München 2009. Lebt und arbeitet in München.

www.silvioknezevic.de

74   75

Katharina Lepik, geboren 1981 in Augsburg. 2005 bis 2009 Studium an der Hochschule München, Fakultät für Design/Fotodesign. Ausstellungen (Auswahl): ‚Belichtung und Wahrheit', München 2009, Jahresausstellung Designfakultät, München 2009. Lebt und arbeitet in München.

76   77

Isabelle Gründer, geboren 1979 in Suhl. 2005 bis 2009 Studium an der Hochschule München, Fakultät für Design/Fotodesign. Ausstellungen (Auswahl): ‚Heimat', München 2007, Jahresausstellung Designfakultät, München 2009. Lebt und arbeitet in München.

www.isabellegruender.de

78

Renate Niebler, geboren 1956 in Köln, lebt und arbeitet in München. 1979 bis 1981 Fotografenausbildung in Köln, 1982 bis 1988 Studium der Visuellen Kommunikation und Philosophie an der Universität Gesamthochschule Essen, danach Tätigkeit als freie Fotografin in Deutschland und in Großbritannien. Seit 2002 wissenschaftlich-künstlerische Mitarbeiterin an der Hochschule München, Fakultät für Design. Zahlreiche Ausstellungen, u.a. 2002 ‚Orte – 540 m über dem Meeresspiegel'. Eine Ausstellung in Zusammenarbeit mit der Krankenhausdirektion und dem Kulturreferat des Bezirks Oberbayern, Galerie im Foyer des Bezirks Oberbayern, München (Katalog), 2003 ‚Sprich, damit ich dich sehe'. Aktuelle Patientenportraits und historische Aufnahmen aus der Psychiatrie in Haar 1890 bis 1940, Galerie des Bezirks Oberbayern, München (Katalog), 2006 – 2009 ‚Last & Lost. Unterwegs durch ein verschwindendes Europa', Literaturhaus München (Buch), Halle an der Saale, Berlin, Leipzig, Zeche Zollverein – ein Gemeinschaftsprojekt des Literaturhauses München, des literarischen Colloquiums Berlin (LCB), des Suhrkamp Verlags und der Volksbühne am Rosa-Luxemburg-Platz, 2007 ‚Die Maxhütte – Ein Stahlwerk in Bayern'. Eine Ausstellung in den Museen der Stadt Regensburg, Städtische Galerie ‚Leerer Beutel', Regensburg, 2008 ‚2+2=4'. DG Deutsche Gesellschaft für christliche Kunst, München, 2009 ‚Paradies. Neue Blicke auf einen alten Traum', Diözesanmuseum Freising.

www.renateniebler.de

83   84   85

86   87   88   89

90

Dieser Katalog ist die Jahresgabe 2009 für die
Mitglieder der DG.

Katalog 127 der DG
erscheint zur Ausstellung ‚Heimat auf Zeit' in der Galerie der
DG Deutsche Gesellschaft für christliche Kunst
16. Oktober bis 18. Dezember 2009

Herausgeber: Petra Berg und Wolfgang Jean Stock
Sammlung und Redaktion der Zitate: Fabienne Pakleppa
Gestaltung: Atelier Bernd Kuchenbeiser, München
Lektorat: Dagmar Zacher, Haar
Lithografie: Serum Network, München
Druck: Eberl Print, Immenstadt
Bindung: Buchbinderei Josef Spinner, Ottersweier

1. Auflage 2009

© DG Deutsche Gesellschaft für christliche Kunst e.V.
© der Fotos bei den Fotografinnen und Fotografen,
der Texte bei den Autoren
© VG Bild-Kunst, Bonn 2009, für die Werke von Renate Niebler

ISBN 978-3-932322-30-3

DG Deutsche Gesellschaft für christliche Kunst e.V.
Wittelsbacherplatz 2, Eingang Finkenstraße
80333 München, Deutschland
Telefon +49 (0)89 28 25 48, Fax +49 (0)89 28 86 45
dgfck@t-online.de, www.dgfck.de

Geschäftsführung: Wolfgang Jean Stock
Assistenz: Manuela Baur
Technik: Heinrich Diepold, Walter Schreiber